JN408811

공간

공간

이형주 시집

해암

시인의 말

시를 만나는 일은 낯설고 설렘이 있다
처음에는
내가 부르지 않아서
시가 나에게 다가오지 않은 거라고 여겼다
그렇지만 용기가 나지 않았다
시간을 가리지 않고, 시를 초대하기 위한
메모를 하는 습관이 비로소 생겼다
시에게 고백하고 싶다
처음에 나는 너무 무례했고
그 다음부터는 네가 두렵기도 했다고…
더 친하고 싶다
부지런히 너에게로 갈게

때로는 신부처럼
때로는 말괄량이처럼
때로는 진지한 고뇌를 가지고 만나자
고독하자
그리고 너의 행복과 함께 하고 싶다

가까이서 조용히 응원해 주고 있는 가족과
애틋한 마음으로 격려해 주시는 분들께
두 손 모읍니다.

2020년 3월 3일 아침에 쓰다

| 차례 |

02

03

04

해설

01

수선화
가족
백도 1
백도 2
전나무 숲길을 걸으며
월정사에서
늦깎이의 엠티
늦깎이로 가는 길
호수
가을비의 농담
겨울 염색
봄의 길목에서
4월의 편지
시월의 어느 날

수선화

긴 여울

아픔 뒤에

홀로 짓는 미소는

외로움을 알았기 때문이다

가족

가을을 본다

저 하얀 구름 속에도
무슨 슬픔이 있을까

가만히 떨어져 내려오면
물들어 가는 단풍
가을 속에 생채기를 앓고 있다

삶은
때로는 고단하여
한없이 우러러 보고만 싶은 하늘은
너무 멀리 있다

인색한 바람 속에 무덥던
여름도 다 보냈는데
이제야 흐르는 눈물은
나를 위로하는
아름다운 트로피의 반짝 거림이다

가을을 본다

아, 저토록 청명한 하늘을 보는 감격,
사라지는 슬픔이다

백도 1

하늘을 향해 솟아 있다
거센 물결을 품에 안고 있다
숨었다가 휘몰아치는
바람의 언덕이 되고 있다

언제부터 거기에 있었을까
바다가 막막해하지 않게
서 있어 주는 것을
하고 있었을까

수면과 대각선을 이루며
좌우로 흔들리는 배 위에서
환호와 두려움이 수시로 교차하는데
뱃고동은 귀청 속으로 헹가래를 치고 들어온다

백도 앞에서
한바탕 나약한 존재의 모습을
여러 가지 드러내 놓고 부끄럼 없이
렌즈를 향해 포즈를 취한다

짙은 에메랄드빛 바다 위
백도 꼭대기 망루대 위를
아슬아슬 날아다니는 바람의 날갯짓
백로의 풍경으로 시선을 가로챈다

백도 2

태고의 신비를 지닌 백 개의 섬
저마다의 이름은 깊이 두고
백도라는 이름 받아 뭉쳐 있다
서로 바람의 벽으로
외롭지 않게 허리는 서로 닿을 듯
신비와 경이를 품고
드러내는 개성 낱낱이 부드러워
휘몰아 돌며 부딪히는
파도의 생채기를 어루만져 주고 있다
어울려 산다는 것이
얼마나 아름다운 것인지
풍랑의 억겁 속에서
뼈를 깎으며
살아내는 바다를 사랑하고 있다

전나무 숲길을 걸으며

보슬비에
젖은 숲길은
산새의 지저귐도 고요하다

구산구해의 끝일까 시작일까
파르라니
물방울이 짙은 길 위에서

우산 위를 타닥거리는 빗방울처럼
재촉하는
중생의 빠른 발걸음은 무엇인가

이런저런 생각은
그래도 한 길
삶으로 가는 길을 향하고

지천으로 피는
물방울의 생생한 발음
숲길의 풍경을 닮는 바람이다

월정사에서

음력 삼월 끄트머리
축제를 준비하는 연등들이
바쁘게 뜰을 장식하고 있다

화려해진
연꽃의 숲

법당에는
발원문을 독송하는
목탁소리가 연꽃이다

안으로 밖으로
기도 밖에 할 것이 없는
나의 좋은 날

참으로
호사다
참으로
호사다

늦깎이의 엠티

오월에
푸른 열정을 싣고
천년고도千年古都에 닿았다
화랑의 말발굽 소리 높았던
광장에는
너를 이해하고
나를 알아가는 명함판 이름 석 자
가슴팍에 달고
침몰하던 향학의 꿈을 되살리고 있다
희망의 열정에
침식하는 밤
지새우고
새로운 아침의 날개를 달았다

늦깎이로 가는 길

길을 걷고 있다
가방의 무게가 줄어들지 않는 것에
무거워지는 것은
한량없는 마음보다 육체이다

들판의 푸른 빛깔의 주인은
게으른 농부의 밭이 아닌 것을 새삼스럽게
보아 가며
허겁지겁 소매를 걷어붙이고
계절을 따라간다

책 속의 밭고랑을 파다 보면
필요한 거름의 기억은 건조하여
느린 손가락으로 낡은 사전을 넘기다가
눈을 이리저리 살피고
혹시 추진력을 붙여 줄 손이라도 있는지
하다가
게으름이 잦으면

축 처진 고릴라가 될 수 있다는
나한테로 향한 나의 압박을 이겨

마음을 육체 안에 놓고
무게를 줄이는 책장을 넘기려
가는 길이다

호수

작은 호수 하나
나에게 있다

눈물이 깨어지면
사금 파리처럼 반짝이는

그리움의 공간
추억의 얼굴빛으로 살고 있다

가을비의 농담

속눈썹을 올려 준 마스카라
빗방울에 젖어
검은 방울을 떨어뜨린다

때 아닌 가을비
굵다

청첩장에 찍힌 약도대로 찾아가는 길
우산에 접어서 얼룩이 졌다

걸음을 닦달하듯 쏟아지는 비를
빌딩 처마 밑에서 따돌리고

잔칫날에 내리는 비는 귀한 비라는 주술
믿고 싶은 객客

헝클어진 마스카라를 다시 세우고
잦아드는 가을비의 농담을 뒤로한다

겨울 염색

수은주의 붉은 기둥이 내려간다.

회색빛 하늘엔
설야의 밤을 준비하느라
한창이다

해안가를 철썩이는
파도는
설빙의 빛깔을 드러내며
모래의 발톱을 깎아 댄다.

가슴에 밀려오는
찬바람에
황량해지는 저녁
붉은 옷깃을 미리 세우고

수평선을 떠나 좇아오는
파도의 껍질을 물들이는
작업에 뛰어들었다.

봄의 길목에서

봄의 길목에서
겨울의 목마가 사라지는 소리를 듣는다면
두꺼운 껍질 속에
생명을 안고 견뎌야 했던
겨울나무를 그저
기다려라
하지 않았을 것이다
사는 것을
고난으로 삼지 않고
사는
자연의 생명, 기다림의 연속을
나는
아직 모르면서
아는 척 서두르고 있다

4월의 편지

보리밭을 쟁기질하는
빗소리에

풋풋한 빛을 틔우는 초록 들판
가뭄에 시달리던 농부의 시름
한꺼번에 사라진다

누이야
아버지의 새참에 누룩 냄새가 빗는
막걸리를 얹어라

4월을 노래하는
빗물이 잔잔히 잦아드는
밭둑에 앉아

빗소리에 화답하는
아버지가 노래를 부르시리라

시월의 어느 날

웃으면
닮아 보이는
서로 다른 문화의 사람들
넓은 운동장에서
고유의 풍악을 즐기고
단풍 드는 소리에
가을 맛을 즐기며
닮아가는 얼굴
우리는 하나다

공간

이형주 시집

02

소쩍새
시, 그렇게 오다
뿌리
고향집
상원사에서
이슬
휴가 나온 바람
그런 친구
덕치마을에서
나물 밥상
청산도
눈물 소나타
출가외인
매화나무
강가에서

소쩍새

소쩍새가 울면
나는
어머니가 보고 싶다
저승길은 어디며 얼마나 멀어
이승 떠나면
아득해
보이지 않는지
눈 감으면 행여
꿈속에나 볼까 하여
이른 잠 청하기도 수없이 하였건만
어머니!
소쩍새 우는 날엔
꿈에라도 다녀가실까
귀를 열어 둡니다

시, 그렇게 오다

서둘러 왔다
책상의 마중이 궁금하던 지난 밤
지새운 눈꺼풀이 까칠하다
동녘이 더디 밝아지는 것을 애태우다가

마치 왼쪽 가슴에 손수건을 단 것처럼
설렘의 낯이 부끄러워

창작을 그리워하던 시간들의 새김질에 빠졌다

고향의 풀은 돋아나는데
그려지지 않는 한 폭
회화인지
그림자인지

주마등처럼 스쳐 지나가는
생각을 잇고 이어가는
글자 쓰기를 하다가
나의 시詩 맹세에 들다

뿌리

오죽에
내리는 비
파란 비
파란 나무를 키운다

마디마디
커 가는
곧은
나무

파란 비
사라져
슬픈 작별이 있어도
기억은 전설처럼 뿌리에 있다

고향집

빗발치는 빗줄기도
부안 곰소로 가는 길을
막지 못했네

이처럼 가까운데
핑계 삼은 길을 질러
고향 문턱 안으로 넘어서니

아버지의 기침소리
귓바퀴를 맴돌아
젖어드는 눈시울

그리움을 적시다
인사할 때 들으니
반가움의 기침소리

파문을 일으킨
빗길을 다시 향해
문턱 밖을 나서니

고향의 처마 끝
산 끝마다 빗방울
서걱서걱 울고 있네

상원사에서

그날은 종일 비가 내렸다
축등을 잇는
축등 사이에
한 마디 화두

나는 누구인가?

화두를 주문하는
기도에 동참하여
합장하는
나

너는 누구인가?

이슬

꽃잎 위에 맺혔다

간밤에 맑았던 별

조롱조롱

꽃이 되었다

휴가 나온 바람

전체 여름휴가다
텅 텅 빈 건물만 우뚝우뚝 섰다
모처럼의 야외수업
날은 잘 잡았다
동서로 트인 사방탁자가 우리들 차지가 되었다
젊음의 열기가 잠시 멈추었을 뿐인데
태양이 하품을 한다
바람뿐인 교정에 신바람 난
바람길
오늘의 글제는
'휴가 나온 바람' 이다
글을 짓는 우리들
오늘만 한량이라고 부르기로 했다

그런 친구

고속도로를 달려도 좋고
꼬불꼬불 옛길을 달려도 좋다

빠르게 닿으면
빠른 대로 닿아서 좋고
이것저것 샅샅이 보아가며
느리게 닿아도 좋은 길을 함께 할
친구가 너였으면 좋겠다

빨라도
느려도
너는 나의 길
나는 너의 길

나의 삶
나의 인생도
너에게 그런 친구가 되었으면 좋겠다

덕치마을에서

숲길에서 피어난 꽃이며
산딸기 머루가
해맑은 이곳은
섬진강 줄기가 흐르는
시인의 마을

"그대 생生의 숲속에서"
귓가에 머무는
낭랑한 산새 소리는
강물을 고요히 젖어 나온다

오늘 지나면
어디쯤에서
가슴 뜨겁게 다가오는 너를 또 만날지

해 저문 언덕에
산 그림자 퍼지면
시의 메아리를 그리워하는
황새의 몸짓에
뉘엿뉘엿 여름이 익어간다

나물 밥상

접시 위에
동글게
나물들 옹기종기
깨가 쏟아진다
동서남북 흩어져 살았던
산골 이야기
텃밭이야기
비비는 나물 밥상
깨가 쏟아진다

청산도

바다는
에메랄드빛
맑은 경이로움
청산도의 향기로 산다.

언덕은
바다를 향해
햇살을 딛고 서
전망 좋은 전망대, 사람의 향기로 산다.

시공을 넘는
소리꾼 소리의 애달픈 순수
생명의 소리로
사는 청산도

운치를 더 하는
수채화 같은
길 있어
나그네는 그리워 그곳에 간다.

눈물 소나타

낙엽 위에 떨어지는 빗방울
방울방울
바람소리

나뭇가지에 떨어지는 빗방울
방울방울
잎사귀

보면 반짝이는
보면 그리운
나의 친구야

우산 위에 떨어지는
방울방울
빗방울

멀어서 너무 멀어서
나에게로 너에게로 흐르는
어느 날 가을 빗방울

출가외인

수평선이 하얀 베일을 벗고
오늘따라 선명하다
눈을 가슴츠레 뜨고 보아도
가물가물하기만 하던 비밀의 선이다

출가외인이라고
친정일은 잊으라 하시는
아버지의 외로움이 내 슬픔처럼 밀려온다

바닷바람을 뒤로 터미널로 향했다

1박 2일의 휴가를 급하게 받은
차표 한 장에
주섬주섬 구겨 넣은 조급한 마음

괜찮대두 왜 왔냐?
허허 웃으시는 아버지의 밥상 위에
어머니가 잘 챙기셨던
바다 한 접시 올렸다

매화나무

겨울 해거름을 싹 지우는
매화나무는
재봉틀 돌리는 소리로
화려한 의상을 짓고 있다
봉긋봉긋 어깨 폼을 만드는가 싶으면
연지곤지 색
새색시 얼굴을 그리고 있다
꽃망울 툭툭
어제 다르고
오늘 다르고
물 오른 나뭇가지
꽃 아래 꽃을 받치고
미모를 겸비한 화사한 모습 송이송이
향긋한 향기를 베푸는 속에
어쩌다 자세히 본 꽃보다 당신
참 미덥다

강가에서

은빛의 속삭임
자글자글 풍덩풍덩

사그락 사그락
바람의 움직임

모래가 움직인다
강물 아래 돌을 부수는

한 시도 조용하지 않은
강가에서

유유히 흐르는
강물의 내공을 부러워하며 섰다

공간

이형주 시집

03

흰 쥐의 꿈
그 집 냉면
간절기
해바라기
교정에서
겨울은
그렇게 봄
정情으로 산다는 게
산배나무의 오월을 보며
백중기도
숨 쉬는 청각
가을의 생각
청산도 이야기
그리움 밖에
설야雪夜를 기다리며

흰 쥐의 꿈

꿈을 펼칠 기회가 왔다
동녘에서 솟는 태양처럼
나는 꿈을 뜨겁게 할
정오를 향하리라
다산과 다복과 풍요의 결실을 향하여
부지런히 달려
황금의 들판 위에서
저녁의 이마를 아름답게 닦고
노을의 메아리가 저물면
달 아래 별 아래
너도 나도 즐겁게 미소 짓게 하는
나의 노래의 무대를 향해
귀를 기울이게 하리라

그 집 냉면

그 집 냉면의 쫄깃쫄깃한 면발
입소문 났다

긴 여름
줄 잇기
태양의 환호도 즐겁다

맛을 기억한
몸의 신호가
파란불

손맛
입맛
친절 맛

그 집 냉면 감칠맛
찾아가는
사계절이다

간절기

풍요로운 촉감이 가시지 않은
발아래
낙엽 부서지는 소리

와스락 와스락
껴안고 부둥켜 반기는
가을과 겨울 소리가 있다

어머니는 이런 날
손수 뜨개질한 목도리를 챙겨주시며
외투 깃을 가만히 올려 주셨지

해바라기

나는
해바라기 언덕을
벽에 걸어 두고 있다
하늘에 닿아 보이는 원두막 아래로
저마다 노랗게 웃고 있는
여름 한낮의 다양한 얼굴
평화롭다

나는
해바라기 군락에 서서
회색빛 우울을 걷어내고 있다
원두막에 앉아
여유를 즐기고
황홀한 순수에 빠지면
태양처럼 뜨겁게 웃는 내가 그곳에 있다

나는
해바라기의 매력에 홀려
공간마다
해바라기를 심는 새벽을 생각하며
태양 아래 숭고한 모습으로
결실을 안고 사는
해바라기가 되고 싶다

교정에서

교정의 잎새
오월의
인문학을 한다

갖가지
다른 무늬
생명의 빛깔

바람의 장난
변덕스러워도
신록으로 향하는 길 뚫려 있다

겨울은

동백꽃이 아무리 붉게 물들어도

노을이 아무리 짙게 붉어도

이렇다 저렇다 내색 없이

차다

그렇게 봄

아지랑이 선율
부드러운
길 따라 걸으면

맑은 새순
수줍음
있다

따뜻한 땅
고운 햇살
머금고

늦은 겨울을 사위는
빛
그렇게 봄

정情으로 산다는 게

불꽃으로 사라진 의상은 돌아오지 않았다
P교수가 위로로 보낸 후드를 둘러썼다
뒤통수보다 먼저 따듯해진 마음을 앞세우고
찾은 세탁소
뼈대만 남았다
어디다 하소연할 데 없는 답답함
세탁소 주인보다야
정情으로 산다고
주고받지 않은 보증서
서로의 마음만 까맣게 탔다

산배나무의 오월을 보며

오월에
꽃비를 떨어뜨리는 산배나무를 만났다
찻집에 들어와 낯설어하는
멀리서 온 여자를 위하여
준비하고나 있었듯이
창밖은 온통 흩날리는 꽃비다
뜨겁게 살아온 인내의 끝은
처절한 몸부림이 아니고
자연에 대한 순응일지라도 그 광경에
나는 왜 이렇게 아픈가?
사투의 시간을 홀로 지닌 채
원대한 꿈의 나무가 되는 시간일지라도
꽃잎의 낙하는
나에게 왜 이렇게 서러운 이별인가
이 땅 위에 자손을 퍼뜨리기 위한
피날레일지라도
너른 창 앞으로 아찔하게 부딪혀 오는

꽃잎, 꽃잎의 낙하는 시리다
찻잔이 식어도 줄어들지 않는
뜨거운 눈물로 유리창의 성에를 닦는다

너는
나에게 무엇인가?

백중기도

너를 백중기도에 올린다는 것 자체가 슬프다

우린 여기서
같이 있어야 했다

네가
염주를 돌리고 있었던
그 법당에
네가 없다

지금
우는 것밖에 할 수 있는 게 없는
나는
스님의 염불소리가 더 슬퍼서 울었다

너를 떠나보내고
번뇌에 빠져
세상은 우레가 치고

이제
네가 있는 연화의 세상

그 어디쯤 인지에 대하여
잊을 게

목탁소리에 합장한다

숨 쉬는 청각

나무 끝
바람결에 가을이 앉았다

솔깃한 달팽이관
시간의 진동을 잡았다

가을 소리가 정겹게
청각을 풀무질한다

가을의 생각

가을은
초록의 위기가 아니다

가을은
신록을 예찬하며 차례를 기다리고 있었을 뿐

그러나
거울 앞에 서서
나는 왜 깊은 생각에 젖어드는가

바람의 색깔이 다르고
더 푸른 하늘 아래 야윈 산등성이가 처연하다

가을은
스산한 절벽이 되었다가
외로움을 보였다가

무엇에도 얽매이지 않고 색깔의 상념에 든다

청산도 이야기

섬을 에워싼 파도소리
크고 작고 높아서
소리의 너름새가 일품이다

유채 밭길 사이사이
언덕길 사이사이
고랑을 타고 흐르는 소리 꼭지
몇 장단인지 굽이굽이 너머 가는
갯바람이 감칠맛이다

이곳에다 소리를 놓고 떠난
가난한 부녀가 있어
찾아온 청산도
고수와 소리꾼을 향한 그리움이
동호에 비할 수가 없겠으나
그 언제부터 나는 이곳이 그리웠다

영상의 파노라마가 펼쳐진
추억의 길 꼬불꼬불
마디마디 달라서
어디에 이르러 소리의 끝을 맺을까

한참 걷다 보니
바다는 에메랄드빛
그리움 널려있는 소리의 장단에
눈을 감고 송화의 연기에 빠져본다

그리움 밖에

보고 싶을 때
보았으면
지워졌을까
네가 사는 세상으로 가는 길
하나
그리움 밖에

설야雪夜를 기다리며

하얗게
지새는 밤을 보며
나도
하얗게
밤을 보내고 있다
강아지는 밤인지 낮인지
컹컹 짖고
나무들은 하얀 옷을 겹겹이 입고
외출을 떠날 듯이 단장하고 있다
벽난로의 장작은
사그라지다가 다시 불씨를 토하고
밤
겨울밤이 좋기만 하던 어릴 적 생각에
눈 쌓인 밤을
기다리는 겨울이다

공간

이형주 시집

04

연탄지게

미로 속에 있는 골목길 모퉁이 집
찬바람이 서걱거리면
슬픈 애환이 있다

열기가 식은 지 오래인
습기 찬 아궁이
바람이 시리다

동장군 오기 전에
연탄지게가 먼저 와 주기를

가난에 찌든 대문이 흔들흔들 흔든다

불씨 하나 피우면
다 사라질 것들…

연탄을 지고 모퉁이
그 집 앞에
연탄지게의 두 다리가 땅을 짚는다

봄의 밥상

두 손
하나가 되어
산을 훑어낸 산나물로
밥상을 차렸다
꼭꼭 숨어있는 향기를 꺼낸다고
조물조물 무쳐낸
빛깔은
시시각각 연둣빛
봄이 건네주는
생명의 밥상이다

나의 여름은

작은 새소리
방충망을 뚫는다
쟁반 시계 다섯 시 십 분 전
무차별 쏘아대는 재잘거림에
잠은 달아나고 나는 뒤척이고
그럴 바에는 차라리
방충망의 오밀조밀한 그물을 닦자
청량한 새소리를 불러들이고
새파란 여름을 선명하게 비추는
아침을 맞이하자

우리 다섯, 우정

속을 다 보여도
허물없는 우리 다섯

합집합에서 부분 집합
남의 눈에 거슬릴라

안부 말 소곤소곤
헤어짐도 지나칠라

눈인사가 서운해도
기다리는 수다가 있지

우리 다섯, 우정
느리게 흘러도

너는 내 마음
나는 네 마음

우리 사이 천천히
우정을 높이 쌓자

불꽃

겨울이 부른
초대장이 왔다

생명을 데울
연탄배달 부름에 한 걸음 달렸다

차곡차곡 쌓인
까만 꽃
운동장 한 편이 빼곡하다

다문화 가족과 함께 할
불꽃을 위해 손과 손
마음과 마음을 이어간다

공동체 학교의 겨울나기에
까만 꽃이 피어 낼
훈훈한 훈기

순수, 그 하얀
재를

기말고사

한 번 치를 적마다
나의 계절은 휘청거리고
다시 영글고
포만감을 위해
다시 과녁을 행해 쏠
화살을 정비하게 하는 수학修學의 고비다

나는 술래다

마음은 한없이 바쁘고
가방의 무게는 무겁다
철 지난 농사짓는 일
쉬울 리 없지만은
내 마음을 재촉하는 일
따라가 주어야 하는 몸을 채근하는 일
뚝심으로 이겨 낸다
기억하고 있는 것을 부서야 하는 몸
초심을 잃지 않아야 하는 마음
잃어버린 시간들을 찾아야 하는
때로는 숨바꼭질 같은
어일 적 동심과 다른
숨바꼭질에서
숨은 글을 찾아내야 하는
나는 술래다

윤오월의 벗

그해 윤오월
그때가 아득한 세월인데
어제인 듯 아쉽다

이야기가 통하면
우정이 되던 시절
친구야
너는 홀연히 떠나갔다

삶의 무게에 지치면
친구가 위로가 된다는 것을
보석같이 귀하게
생각할 겨를
왜 없었는지

내 모습에 지친

너도
어느 날
나에게 지쳐 보였다

나의 기약과 위안과 전신을 다 듣고
손 모은
그해 윤오월에 홀연히 떠난 너
손으로나 만질까
생각에 닿으면 낙하하는 눈물을 어쩔 수 없다

초승달을 보며

당신의 눈썹을 표정 짓는
것에
그리움이 겹쳐 뜬다

뒹구는 낙엽 위에
떨어지는
어둠이 밝다

어두워서 밝다는
역설의 신비, 그 답안이 되는
초승달을 보며

나는
시의 이론 한 페이지에서 서성이며
달의 구조 속에 빠졌다

참 아이러니한
밤

선물 1

– 문경수련원에서

수 없는 절벽을 가지고 갔다
바람 끝에도 흔들리는 마음속
진실을 외면당했다는
당함에
집착한 우울은
언제나 벼랑 끝에
발끝을 얹고
그것도
꿈이라고
꾼 적이 있다
묵언의 고요에
덩어리 그리고 덩어리 그리고 또… 그것들
천천히 삭아지고 줄어들고 지워지고 사라지고
나를 오랫동안 흔들던 그것은
물이 새듯 빠져나가고
원래의 나
돌아온 나의 앞에
이끌렸다

선물 2

– 문경수련원을 나서며

나만
데리고
떠난 여행

나 속에서
풀어도
풀어도
끝없던 짐을 메고
문경 수련원에 닿았다

비워지기를
간절히 염원한 것은
죽기보다 살고자 하는
힘의 끌림
그 이상도 그 이하도 이니었다

한갓
바람이라고 깨닫기까지
나는 나였다
아집과 고집과 버릴 수 없는 미련으로
꽉 채워진

절벽을 만들게 아니라
두려워할 것을 만들 게 아니라
하나 씩 내려놓게 하는 묵언
고요 속에 잔잔히 떨어지는 눈물
거기서
다시 태어나는 나를 만났다

여행길에 본 소나무

여기저기
풍화의 진화가 있는 벼랑

객客의 눈에
언덕은 가파르고
아래에서 보니 거의 절벽이고

거기에 뿌리내리고 선
소나무 한 그루
객客들의 마음에

저 소나무 좀 보래
저 소나무 좀 보래
저 소나무 멋 좀 보래

생명을 즐기고
사는
소나무의 멋 좀 보래
산자락에 작은 동산처럼 서 있는

야외수업

바깥 풍경이 불러내면 나가 보아야 한다
백양산 기슭에 부는 꽃향기
가만히 들뜬 기분을 챙겨주는
기분의 주인이 되자
여전히 꿈을 꾸는 듯한 꽃의 파스텔
참으로 명랑한 바람이 불고 있다

정말 변명이다

시는
지금도 처음이듯 하지만
처음에
부끄러워했다

살림을 꾸린다는 게
막연히 두려웠던 신혼
살림 맛 들일 때까지
부끄러웠다

새댁이 키워낸 아이
이제 청년이 되었는데
나는
시 앞에서 부끄럽다

변명이지?
면박도 하지 않는데
정말 변명이다

상현달

당신의 생일날
뜬
상현달

내 마음의 풍경소리를 읽었습니다

말할 수 없는
부끄러움, 풍경 한 마디

“당신을 사랑합니다”

미안함과 후회로 가득 찬
나를
은근히 기대게 해주는

달처럼
넉넉해지는 아내의 마음입니다

공간

이형주 시집

05

연꽃이 필 때면
여름 축제
시월의 선풍기
그곳 나의 愛
그날은 그랬다
문경새재, 그곳
그 집에서
금평저수지
손끝에서 당첨
안주
가을 서곡
거울 앞에서
연습 중 아다지오
밤에 쓰는 편지
12월의 딜레마
겨울 저녁산

연꽃이 필 때면

연꽃이 필 때면
염주를 가만히 돌리고 있던
단아한 너의 모습이 그립다

서둘러
보고 싶은 마음은
수미산 앞에 이르지만

네가 없는
나 혼자
너무 미워져

발길을 돌리고
돌아가려 하다가
법당에 다시 앉아

내가
너처럼
염주를 가만히 돌리고 있다

여름 축제

평상이 비좁도록 앉아
손톱에 봉숭아 꽃물 들이는 행사
여름밤의 축제였네

손톱에 꽃물 얹어
천으로 꽁꽁 싸매
굵은 실로 감으면
열 손갈락 모두
아무 짓도 못하고

어머니가 불러도
아버지가 불러도
뒷전

하룻밤의 일이면
다 끝날 것 같지만
서로서로 손톱물 자랑하다 이어져
며칠 몇 밤
축제는 손톱 위에 있었네

시월의 선풍기

변곡점을 찾지 못하는
수은주의 기둥은
시월의 중반에도
더위를 탈출하지 못 한다

교실 천장에 붙은 선풍기
가르마에 맞춰 얌전히 붙여 둔
머리카락을 흩날리게 하며
갈갈갈
쉰 목소리로 바람을 외쳐 댄다

오늘의 글제
'시월의 선풍기' 를 받았다

그것은
이미 딱딱해진 여름 질감을
다시 만지는데 회복력을 더해 주며
여름을 귀환하게 하는
흥미로운 장식이다

그곳, 나의 愛

백령도의 노을은
형제바위 사이로 저녁을 부었다
불이 녹아드는
불
물에 닿았다
바다가 붉고
섬이 붉고
바위가 붉고
사방팔방 붉지 않은 것이 없으니
너도
나도
눈언저리가 붉을 수밖에

그날은 그랬다

시아버님의 첫 기일
산소 가는 길
따라나선
겨울비는 천둥까지 대동했다

손자가 받쳐올리는
술 한 잔에
당신의 반가움이 얼마나 컸든지
울던 날이 뚝 그쳤다

문경새재, 그곳

이산 저산의 묵화는
나를 찾는 추억 여행길을
고즈넉하게 잇는다

당신은 누구십니까?

계속 반복되는 물음
나는?
나는!
나는…

실체가 없는 것
말하려 했다가
어느 것 하나 연관되어 있지 않음이 없으므로
나는 없음

아무것도 없는데

깨고 부수는
걸어온 길 또 부수고 또 깨고

길 떠남에서
떠남의 길마저 깨고 부수어야 하는지

나는
없다
그곳, 문경새재에 가면
깨고 부수는 것을 배우는 것밖에

그 집에서

비 오면
번개팅이 아니라 정말 우연히 들리자 했다
전통주가 맛있다는
그 집에서

꽉 찬
젊은 낭만들 사이에
아는 척 해주는 주인의 인사에
어깨를 으쓱거리고 쑥스러움을 버렸다

목마를 탄 듯
취기가 흔들리고
주위의 이야기도 목소리가 높아지고
그럴 때쯤

빠져나와야 한다는 게
원칙이지
취하지 않아도 취한 척
허심탄회한 약속을 또 하지

봄비가 아니라
여름비가 아니라
그렇다고 가을비는 더욱 아니라고 하면서
오늘 비처럼 오는 비 그때 만나자

금평저수지

오랜만에 금평저수지를 찾았다
먼 과거로 가 있던 소녀를 불러냈다
그때는 바람의 행로만 달라도
찾아온 소녀에게
혼자 있는 것을 가르쳐 주었다
혼자 있는 법을 보여 주었다
가만히
가만히 있으면 되었다
저수지도 늘 혼자였다
그냥 그 옆에 앉아 있다가 집에 돌아와도
속이 뚫렸다
그때는
아마도 그만한 호수가 그리웠지 모른다
아마도 그때는

손끝에서 당첨

나의 삶에서
떨어지는 것을 여러 번 경험하게 한
아파트 청약

손끝에서 일어난 일
손끝에서 마무리 되던 날
파편이 되어 아프던 날카로운 조각들이
퍼즐을 맞추듯 제각각 자리를 잡았다

떨림, 흔들림, 그 모두가 당첨의 분비물이 되어
내가 오래도록 끈적인 것 말고는

어느 날
내가 선 자리가 벼랑 끝이라는 것을
알았을 때
보금자리라는 욕망이
삶의 의욕인 것처럼 나의 손을 잡았다

손끝의 절망을 꿈을 깨기 전까지
모른 척 하기로 했는지 모른다

안주

한 잔 한 잔 꺾다가
뛰놀던 동무들
아롱다롱 떠올라

부지런히 쿡 쿡 누르며
불러내니 나오고
불러내니
나오고

최고의 술맛
우리들의 이야기
충전된 폰, 최고의 안주

가을 서곡

녹음 사이로 잔잔한 바람이 흐른다

숨어있던 나뭇가지

햇살을 밀고 당기고

풀벌레 소리 높고 낮고 여리다

거울 앞에서

눈빛 속에 심어진 분노
누굴 향해 품었는지
더듬어 봐도
내 아픔만이
내 상처만이
문신이 되어 새겨진 것밖에
없다

백일홍이 피기 시작했다
충혈까지
오래 걸리지 않았다

눈물을 숨긴
핏발
그 실핏줄이 터졌다
나를 향한
분노는
나의 애정이라고 위로하고

백일홍은
햅쌀을 먹을 즈음
이삭처럼 꺾여
꽃을 지웠다

연습 중 아다지오

마우스를 이리저리
끌고 다녀도

캄캄하다

일상 속
반복인데 늘

서툴다

시험 중독에 빠지면
컴퓨터 안을 훤하게
읽을 수 있을까

회로가 복잡해지는 뇌

연필 긁는 소리가 익숙했던
그 시절

좀 더 잘할 걸 그랬다

밤에 쓰는 편지

밤은 어둡고
어둠 속에 있는 별을 꺼내려
편지를 쓴다
어둠을 고요라 하면
빛은 빛을 발하리라
너는
백지 위에 별이 되어 떠오르고
어둠은 사라지고
눈빛이 잠을 잊고
추억으로 향한다
탈색된 앨범에서 빠져나오는 시간들
밤을 잊고
편지를 쓴다
별별의 가슴에서 쏟아져 나오는 그리움
줄줄이 꿰어
편지를 쓴다
수신인을 쓸 봉투를 준비하지 않아도
좋은 편지 쓰는 밤이다

12월의 딜레마

열두 장에서
하나밖에 남지 않은 달력
벽에 딱 붙었다

한 해의 종지부를 찍는데
지나간 시간은 지나가 버렸는데
야윌 수밖에

벽에 딱 붙을 수밖에
차라리 벽이 되어
남아있기라도 한다면, 그러나

찢을 수도 없는
종이 한 장의 무게가
무겁고 깊다

들뜨지 않으면
벗어날 수 없는
12월의 딜레마

마지막 남은 달력 한 장 안에 있다

겨울 저녁산

붓 끝으로 퍼진 듯 희미하게 드러낸 산자락은 어둡다 봄이 가고 여름이 가고 가을이 가고 이제는 떠나갈 차례를 기다리는 겨울의 산은 춥다 하지만 기다리는 봄을 위해 아름다운 저녁을 보내야 한다 바람에 흔들리는 숲의 아름다운 경련도 살아있음을 드러내는 것이 아닌가 찾아드는 상념은 비밀스런 봄의 준비를 위하여 어둡고 추운 것들을 잘라내고 저녁산 그대로의 근육을 만들어내고 있다

공간

이형주 시집

|해설|

박미정 — 시인 · 문학평론가

| 해설 |

실존의식의 미학적 공간

박 미 정
시인, 문학평론가

인간은 공간을 통해서 삶의 경험의 질을 구체적으로 파악할 수 있다. 문학에서 논의되는 시적 공간은 슐츠의 장소 이론으로도 접근할 수 있다. 장소는 사람의 실존을 지니게 되는 바 뜻깊은 사건을 겪는 목표이거나 초점이 됨과 아울러 주체가 깃들어 머무는 곳, 또는 새로운 출발점이 되기도 한다. 장소로부터 사람은 정의되고, 환경을 차지하면서, 낱낱의 사람이 이루는 행위는 나뉘고 다양화된다. 이런 까닭에 장소는 둘레의 잘 알려진 바깥 공간과는 달리 안 공간으로 체험되며, 심리적 안정감을 주기 위해 비교적 작아야 한다고 슐츠는 말한다. 시는 개별적인 체험을 통해 자신의 경험과 이해의 범주를 확장하여 새로운 의미를 부여하고 삶을 풍부하게 하는 기능을 가지고 있기도 하다.

이형주 시는 자연 공간을 향하고 있다. 고정된 공간의 응결 성을 시간의 응결체로 압축하고 온전한 공간을 유지하는 데 상상력을 동원하는 감각성을 보이고 있다. 이는 실존적 주체에 대하여 깊은 관심을 가지고 있음을 증명한다.

소쩍새가 울면
나는
어머니가 보고 싶다
저승길은 어디며 얼마나 멀어
이승 떠나면
아득해
보이지 않는지
눈 감으면 행여
꿈속에나 볼까 하여
이른 잠 청하기도 수없이 하였건만
어머니 !
소쩍새 우는 날엔
꿈에라도 다녀가실까
귀를 열어 둡니다

– 「소쩍새」 전문

그리움의 현실적 언어는 '꿈'이라는 공간을 은밀히 제공하며 만남을 요청하고 있다. 여기서 시인은 '길'을 의식한다. 아득할 것이라는 추측의 연관성을 통해 만남이 결코 쉬운 일이 아님을 자각하고 해결할 유일한 방법을 꿈이라고 단정 짓는다. 그렇지만 "이른 잠 청하기도 수없이 하였건만"에서 무력한 꿈을 감추지 않는다. 여기에서 소쩍새의 모티브가 주목되는 시점이다. 소통을 암시하는 "귀를 열어 둡니다"라고 말하는 장면은, 만남을 간절히 욕망하는 것으로 보인다. "풍요로운 촉감이 가시지 않은/ 발아래/ 낙엽 부서지는 소리// 와스락 와스락/ 껴안고 부둥켜 반기는/ 가을과 겨울 소리가 있다// 어머니는 이런 날/ 손수 뜨개질한 목도리를 챙겨 주시며/ 외투 깃을 가만히 올려 주셨지"(「간절기」 전문)에서 "낙엽 부서 지는 소리에"라고 하여 그리움을 환기시키는 방식은 앞의 시와 유사한 패턴을 드러내고 있다.

빗발치는 빗줄기도
부안 곰소로 가는 길을
막지 못했네

이처럼 가까운데
핑계 삼은 길을 질러
고향 문턱 안으로 넘어서니

아버지의 기침소리
귓바퀴를 맴돌아
젖어드는 눈시울

그리움을 적시다
인사할 때 들으니
반가움의 기침소리

파문을 일으킨
빗길을 다시 향해
문턱 밖을 나서자니

고향의 처마 끝
산 끝 마다 빗방울
서걱서걱 울고 있네

– 「고향집」 전문

「고향집」은 '아버지'를 동일 선상에 두고 있다. '문턱'이란 두 개의 공간을 가르는 것으로서 이질적 세계를 대립시키는 경계선이자 구분선이지만 이 시에서 그리움이란 이행의 상징이 되고 있다. "문턱을 넘어서니" 그곳에서 "아버지의 기침소리/ 귓바퀴를 맴돌아/ 젖어드는 눈시울"이라는 섬세하고 부드러운 여성적 시선으로 공간을 확보한다. 문턱의 안과 밖, 기침소리의 이중성을 통해 그리움을 표백하는 것에 그치지 않는다. 마지막 연에 이르러 "고향의 처마 끝/ 산 끝마다 빗방울/ 서걱서걱 울고 있네"는 시각적 요소로 인해 그리움은 비애미로 교차되고 한층 더 비극적인 감정의 조화는 그리움을 구축한다.

꿈을 펼칠 기회가 왔다
동녘에서 솟는 저 태양처럼
나의 꿈을 뜨겁게 할
정오를 향하리라
사방팔방 중심에 서서

다산과 다복과 풍요의 결실을 향하여
부지런히 달려
황금의 들판 위에서
저녁의 이마를 아름답게 닦고
노을의 메아리가 저물면
달 아래 별 아래
너도나도 즐겁게 미소 짓게 하는
나의 노래의 무대를 향해
귀를 기울게 하리라

– 「흰 쥐의 꿈」 전문

「흰 쥐의 꿈」에는 시간의 정보를 통해 공간을 확보해 가는 의미가 있다. "동녘에서 솟는 태양처럼"의 시간적 배경은 "정오를 향하리라"라고 하여 시간의 표층 구조를 두껍게 하는 데 이어지고 있다. "황금의 들판 위에서" 시간의 응결 성을 느껴지게끔 작용하는 공간적 전략과 관련을 맺고 "저녁의 이마를 씻고" 의 표현에 독자는 시의 의미를 찾으려고 노력할 것이다. "달 아래 별 아래"의 연결된 응결 성과 응집성은 시간의 정보가 결실을 맺어 확보하는 공간의 위치를 확정 지었다. 결국 "나의 무대의 노래를 향해/ 귀를 기울이게 하리라"는 태도는 시인이 시적 화자의 목소리를 빌려 '흰 쥐의 꿈'을 보여주는 시간과 공간을 의미 있게 하고 있다.

「산배나무의 오월」은 '만남'에서 시작하는 스토리텔링이다. 대화가 없는 자조적인 독백을 자아 성찰로 이어지게

하는 순수의 구도를 편성한다.

오월에
꽃비를 떨어뜨리는 산배나무를 만났다
찻집에 들어와 낯설어하는
멀리서 온 여자를 위하여
준비하고나 있었듯이
창밖은 온통 흩날리는 꽃비다
뜨겁게 살아온 인내의 끝은
처절한 몸부림이 아니고
자연에 대한 순응일지라도 그 광경에
나는 왜 이렇게 아픈가?
사투의 시간을 홀로 지닌 채
원대한 꿈의 나무가 되는 시간일지라도
꽃잎의 낙하는
나에게 왜 이렇게 서러운 이별인가
이 땅 위에 자손을 퍼뜨리기 위한
피날레일지라도
너른 창 앞으로 아찔하게 부딪혀 오는
꽃잎, 꽃잎의 낙하는 슬픈 조우
유리창은 시리다
찻잔이 식어도 줄어들지 않는
뜨거운 눈물로 유리창의 성에를 닦는다.

너는
나에게 무엇인가?

– 「산배나무의 오월을 보며」 전문

이 시에서 우선 주목되는 것은 '만남'이라는 공간적 배경이 창밖에서 창 안으로 옮겨왔으나 서정적 자연과 적

절한 조화를 이루고 있다는 점이다. 특히 자연은 대화의 대상으로서 현실적 상황이며 타자를 이해하며 움직임의 폭이 커다란 공간이다. '꽃비'로 상징된 시간적 배경은 오월에 볼 수 있는 자연스러운 현상이 아니다. 그럼에도 불구하고 산배나무가 꽃비를 흩날리고 있다는 것은 시의 생명력을 회복하는 새로운 터전으로 전환되고 있다. '인내'와 '몸부림'으로 제시되는 비관적 태도는 시적 화자의 서정성이 무기력하지 않음을 드러내고 있으며, '자손'을 통해 희망으로의 변화를 가능케 하여 동시에 현실의 생명력을 구축한다. "찻잔이 식어도 줄어들지 않는/ 뜨거운 눈물로 유리창의 성애를 닦는다"는 현실의 집착을 보이면서도 새로운 세계의 생성을 희망하는 의미를 내포하고 있다. 단순하게 회생 차원에 머무르는 것이 아니고 "너는 / 나에게 무엇인가?"라고 하는 종교적 관념과 밀접한 연관성을 맺고 있다. "그날은 종일 비가 내렸다/ 축등을 잇는/ 축등 사이에/ 한마디 화두// 나는 누구인가?// 화두를 주문하는/ 기도에 동참하여/ 합장하는/ 나// 너는 누구인가?"(「상원사에서」 전문)에서 '비'는 오브제로 사용되고 있다. 부드러운 이미지를 연쇄하고 새로운 서정성을 확보하면서 시적 인식을 확대한다. '축등' 은 세속의 번잡함을 잊어버리고 내면에 침잠하려는 시적 주체의 내면을 상징한다. 이 같은 공간에서 "나는 누구인가?"를 터득하게 하는 초월적 공간으로서의 '기도'에 동참하는 존재 위상을 지니면서 '나'를 동시에 '너'를 보는 통로를 마련한다. 봄 익은 햇살이 아담한 섬에 올라와 구석구석을 쓰고 닦고 있으니, 소리꾼 추임새를 객지 사람들은 저마다 마음속으로 즐기는지 표정은 평화롭고 입술은 웃기만 할 뿐, 봄 천지다

길을 걷고 있다
가방의 무게가 줄어들지 않는 것에
무거워지는 것은
한량없는 마음보다 육체이다

들판의 푸른 빛깔의 주인은
게으른 농부의 밭이 아닌 것을 새삼스럽게
보아 가며
허겁지겁 소매를 걷어붙이고
계절을 따라간다

책 속의 밭고랑을 파다 보면
필요한 거름의 기억은 건조하여
느린 손가락으로 낡은 사전을 넘기다가
눈을 이리저리 살피고
혹시 추진력을 붙여 줄 손이라도 있는지
하다가

게으름이 잦으면
축 처진 고릴라가 될 수 있다는
나한테로 향한 나의 압박을 이겨
마음을 가볍게 육체 안에 놓고

무게를 줄이는 책장을 넘기려 가는
가는 길이다

– 「늦깎이로 가는 길」 전문

위 시에서 길은 열려 있고 시적 주체는 열려 있는 그 길을 걷고 있다. "들판의 푸른 빛깔의 주인은"표현에서 현실 인식을 자세히 하려는 시인의 의식을 엿볼 수 있다. "책 속의 밭고랑을 파다 보면"에서 새로운 시간의 지평이 펼쳐지고 있음을 알 수 있다. 즉 이 열린 공간은 "눈을 이리저리 살피고"라고 하여 현실 원리들로부터 벗어나기 위한, 공허한 생각 전체를 "혹시 추진력을 붙여 줄 손"이라고 묘사하여 현재의 심적 상태를 드러내고 있다. 그러나 그것을 떨쳐내는 것은 "축 처진 고릴라가 될 수 있다는" 주관적 상상력에 의거하여 스스로 덫을 만들어 놓고 늦깎이로 가는 의지에 주목을 요한다. 이러한 방식은 곧 현실을 바라보며 미학적 공간을 인식하는 스스로의 실존의식의 방식이기도 하다."오죽에/ 내리는 비/ 파란 비/ 파란 나무를 키운다// 마디마디/ 커 가는/ 곧은/ 나무// 파란 비/ 사라져/ 슬픈 작별이 있어도/ 기억은 전설처럼 뿌리에 있다"(「뿌리」 전문)에서 보여 주는 "전설의 기억은 뿌리에 있다"라는 데에 단정 짓는 자기규정의 냉정한 시선은 실존 의식의 이미지를 동반하고 있다. "안부 말 소곤소곤/ 헤어짐도 지나칠라// 눈인사가 서운해도/ 기다리는 수다가 있지"(「우리 다섯, 우정」일부)는 우정을 위한 하나의 방식으로 '다섯'이라는 기호를 이미지화하고 있다. 이것은 '다섯'을 통해 하나의 합일을 만들어 내는 연금술적 양상으로 다른 자아의 영역으로까지 존재의 범위를 확장시키게 된다.

그 집 냉면의 쫄깃쫄깃한 면발
입소문 났다

긴 여름 낮
줄 잇기
태양의 환호도 뜨겁다

맛을 기억한
몸의 신호가
파란불

손맛
입맛
친절 맛

그 집 냉면 감칠맛
찾아가는
사계절이다

–「그 집 냉면」 전문

위의 시에서 알 수 있듯이 '입소문'의 위력은 곧 냉면 맛의 연장이다. 그렇기에 외부로 '줄잇기'는 '뜨겁다'는 갈채를 연장한다. '파란불'을 향해 갈 수밖에 없는 상황을 만들어내어 "그 집 냉면의 쫄깃쫄깃한 면발"을 유지하게 한다. "손맛/ 입맛/ 친절 맛"에서 보여지는 경쾌한 리듬감은 그 집을 대변하여 깔끔한 인상으로 퍼져나가게 하고 "그 집 냉면 감칠맛"을 상기하게 하는 의미론적 순환구조를 생성한다. '입소문'은 시 전체의 이미지를 집약시키고 냉면의 생명력을 외부세계와 탄력적으로 부각시킨다. 그 집의 상징성은 냉면이지만 입소문의 강력한 이미지가 실제적인 상황을 재현하고 있는 것이다.

나는
해바라기 언덕을
벽에 걸어 두고 있다
하늘에 닿아 보이는 원두막 아래로
저마다 노랗게 웃고 있는
여름 한낮의 다양한 얼굴
평화롭다

나는
해바라기 군락에 서서
회색빛 우울을 걷어내고 있다
원두막에 앉아
여유 즐기고
황홀한 순수에 빠지면
태양처럼 뜨겁게 웃는 내가 그곳에 있다

나는
해바라기의 매력에 홀려

공간마다
해바라기를 심는 새벽을 생각하며
태양 아래 숭고한 모습으로
결실을 안고 사는
해바라기가 되고 싶다

– 「해바라기」 전문

위 시에서 주체의 내면은 '평화롭다'를 통해 형상화된다. 이때 평화로움은 "회색빛 우울을 걷어낸다"라고 하여 현재의 시간이란 현존재를 노랗게 웃는 모습으로 변화시키고 있다. 노란색은 일차색의 하나로서 다른 색을 섞어서 만들 수 없는 색이다. 그리하여 나만의 독특한 색깔이라고 할 수 있으며, 낙천적이고 유쾌한 의미를 상징하고 있어 노랗게 웃는 모습은 긍정적인 삶의 의미라고 할 수 있겠다. 또한 '공간'의 연결고리가 '새벽'을 통과하며 시간을 확장한다. "태양 아래 숭고한 모습"이라는 표현에서 미루어 볼 때, 시적 주체의 내면에서 뿜어져 나오는 영혼의 빛, 내면의 빛깔을 의미하는 것이라 하겠다.

① 웃으면
닮아 보이는
서로 다른 문화의 사람들
넓은 운동장에서
고유의 풍악을 즐기고
단풍 드는 소리에
가을 맛을 즐기며

닮아 가는 얼굴
우리는 하나다

—「시월의 어느 날」 전문

① 꽃잎 위에 맺혔다
간밤에 맑았던 별
조롱조롱
꽃이 되었다

—「이슬」 전문

③ 교정의 잎새
오월의
인문학을 한다

갖가지
다른 무늬
생명의 빛깔
바람의 장난
변덕스러워도
신록으로 향하는 길 뚫려 있다

—「교정에서」 전문

①에서의 시적 주체는 "서로 다른 문화의 사람들"과의 교류를 통해 "닮아 가는 얼굴을 발견한다. 의식적이건 무의식적이건 만남을 통해 '닮아 가는'으로 기인한 것이라는 사실을 눈여겨볼 필요가 있다. "우리는 하나다"로 간명하게 드러내는 마지막 행의 구속성은 감동이라는 것이다.

②에서 “꽃잎 위에 맺혔다”라고 하는 단편적인 언급이 있다. 하지만 ‘별’의 형상화를 구체적으로 ‘맑다’는 형용사를 사용하여 현실상황의 의미 있는 존재의 가치로서 ‘꽃’으로 표현한다. ‘하늘과 땅’이라는 넓은 공간을 채우고 있는 ‘이슬’은 공간을 확장하고 있음을 나타내고 있다.

③의 「교정에서」는 자연과의 관련성이다. “갖가지/ 다른 무늬/ 잎새의 빛깔”에서 자유로움을 결합시킨다. ‘오월-인문학’의 관계 형성은 ‘무늬’로 전이되고 ‘교정’의 “바람의 장난”에서 느껴지는 위기감의 조성은 개방적 공간에서의 불안이다. 하지만 그 공간은 폐쇄적인 공간이 아니고 안온함의 현실적 조건임을 밝히고 있다.

하늘을 향해 솟아 있다
거센 물결을 품에 안고 있다
숨었다가 휘몰아치는
바람의 언덕이 되고 있다

언제부터 거기 있었을까
바다가 막막해하지 않게
서 있어 주는 것을
하고 있었을까

수면과 대각선을 이루며
좌우로 흔들리는 배 위에서
환호와 두려움이 수시로 교차하는데
뱃고동은 귀청 속으로 헹가래를 치고 들어온다

백도 앞에서
한바탕 나약한 존재의 모습을
여러 가지 드러내 놓고도 부끄럼 없이
렌즈를 향해 포즈를 취한다

짙은 에메랄드빛 바다 위
백도 꼭대기 망루대 위를
아슬아슬하게 날아다니는 바람의 날갯짓
백로의 풍경으로 시선을 가로챈다

– 「백도」 전문

「백도」는 초월적 공간을 연상하게 한다. 1연에서 백도의 외적 이미지를 원시적 시공간으로 드러내고 있다. 2연에서 현실과 동떨어진 세계로 향한 동경을 다분히 자아 내면으로 바다와의 공존에 대해 자아를 이끌고 들어간다. 그러나 그렇게 길지 않다는 것을 인식하게 하는 '헹가래'는 자각의 의미보다 시선 끌림의 대상으로 보아야 할 것이다. 일반적인 어감으로 '헹가래'와 '한바탕'은 서로 이어지는 연결고리로 사용하고 있으나 특이하게 뉘앙스를 달리하고 있으며, 아이러니로 표현하고 있다. 그 결과로 마지막 연을 차분하게 존재하게 하는 것이 아닌가 생각된다.

이형주 시인의 시에서 나타나는 공간은 획일적인 패턴이 없다는 것이 특징이다. 언어의식과 내면세계에 자리 잡은 자기 세계와 긴밀한 관련을 맺고 다양한 방법으로 공간 확대를 이행하고 있다. 이것은 궁극적이고 초월적인 세계를 지향하는데 특이한 것이다. 이러한 방법이 향후 시의 미학으로 공고히 결합되기를 희망한다.

공간

인쇄일 2020년 3월 12일
발행일 2020년 3월 20일

지은이 이형주
펴낸이 박철수
펴낸곳 도서출판 해암

등록번호 제325-2001-000007호
주소 부산시 중구 백산길 17 삼성빌딩 702호
전화 051)254-2260, 2261
팩스 051)246-1895
메일 haeambook@daum.net

ISBN 978-89-6649-181-0 03810

값 10,000원

*이 도서의 국립중앙도서관 출판예정도서목록(CIP)은 서지정보유통지원시스템 홈페이지(http://seoji.nl.go.kr)와 국가자료공동목록시스템(http://www.nl.go.kr/kolisnet)에서 이용하실 수 있습니다. (CIP제어번호 : CIP2020011116)